Les Titres par Janvier Chouteu-Chando

The Usurper: et autres histoires
Agent Triple, Double Croix
Les Disciples de Fortune
L'Union Moujik
Le Flash du Soleil
L'Appel de Fortune
Le Maître de Fortune
Les enfants de Fortune
Les Ours de Norilsk
La Fille sur le Sentier
La Légende du Feu et de la Glace
La plus douce folie
Les Grand-mères
L'Incendie de la Faim
Moi avant Eux
Le Père et les Fils
Les Médecins
Les Teintes Sombres
Liens Fatidique
Le Verdict de l'Hadès
Le Procès de Sa Majesté
La Folie de Ngoko
L'Usurpateur
Le Dot
Je suis Détesté
Le Lourdaud

Titres Non-Fiction par Janvier Chouteu-Chando

LEUR DERNIÈRE POSITION: Pourquoi la Victoire…de Donald Trump..
UN ENGAGEMENT CASSÉ:Pourquoi.. une Victoire pour Donald Trump
LE EFFET DU CANARIE DANS UN MINE DE CHARBON:...Assassinats…
Cameroun: Le Système de Marionnettes Dysfonctionnel de la France…
Le Cameroun: Le Cœur Hanté de l'Afrique

Les Nouveaux Titres de Janvier Chouteu-Chando

Le Faucon Blanc
La Dérive à la Maison
Les Amis Mortels

Des Ténèbres sur la Côte D'Ivoire:
Luarent Gbagbo comme une Leçon pour le reste de l'Afrique

Janvier Tchouteu

TISI BOOKS

NEW YORK, RALEIGH, LONDON, AMSTERDAM

Des Ténèbres sur la Côte D'Ivoire:
Luarent Gbagbo comme une Leçon pour le reste de l'Afrique

Copyright © 2018 by Janvier Tchouteu

ISBN-13: 978-1-9770-9835-1
ISBN-10: 1-9770-9835-5

PUBLIÉ PAR TISI BOOKS
www.tisibooks.com

NEW YORK, RALEIGH, LONDRES, AMSTERDAM

Imprimé aux États-Unis d'Amérique

REMERCIEMENTS

Merci à la Diaspora Camerounaise dont la situation difficile a servi comme une source d'inspiration pour cette expression de ce qui attend notre bien-aimé Cameroun.

Dédicace

Ce compte est dédié à nos pères qui étaient patriotique dans leurs paroles et dans leurs actes, et à nos pères qui ont embrassé leurs compatriotes sans tenir aucun biais.

Des Ténèbres sur la Côte D'Ivoire: Luarent Gbagbo comme une Leçon pour le reste de l'Afrique

Je n'oublierai jamais le moment ou, pour la première fois, J'ai senti et compris la tragédie de la colonisation. [. ..] Depuis ce jour, j'ai honte de mon pays. Depuis ce jour, je ne peux pas rencontrer un Indochinois, un Algérien, un Marocain, sans avoir envie de lui demander pardon. Pardon pour toutes les douleurs, toutes les humiliations qu'on lui a fait souffrir, qu'on a fait souffrir à leur peuple. Car leur oppresseur, c'est l'Etat français, il le fait au nom de tous les Français, donc aussi, pour une petite part, en mon nom. C'est pourquoi, en présence de ceux que l'Etat français opprime, je ne peux pas ne pas rougir, je ne peux pas ne pas sentir que j'ai des fautes à racheter.

- Simone Weil

Entre colonisateur et colonisé, il n'y a de place que pour la corvée, l'intimidation, la pression, la police, le vol, le viol, les cultures obligatoires, le mépris, la méfiance, la morgue, la suffisance, la muflerie, des élites décérébrées, des masses avilies. Aucun contact humain, mais des rapports de domination et de soumission qui transforment l'homme colonisateur en pion, en adjudant, en garde-chiourne, en chicote et l'homme indigène en instrument de production. A mon tour de poser une équation : colonisation = chosification.

- Aimé Césaire

Le néocolonialisme n'est autre qu'une destruction lente et progressive de l'émancipation des peuples.

-Souleymane Boel

Contents

Acknowledgement	7
Dedication	9
Citations	13
Les Cartes	17
INTRODUCTION	21
Chapitre 1	23
Chapitre 2	26
Chapitre 3	29

LES CARTES

La Cote D'Ivoire sur la carte du monde

La Démocratie en Afrique

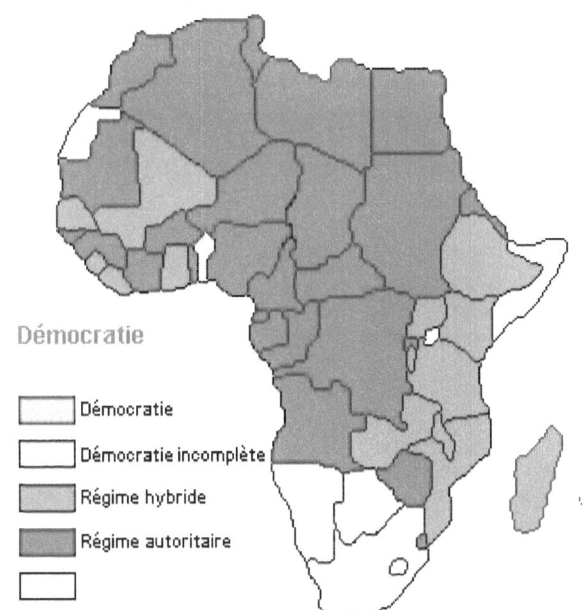

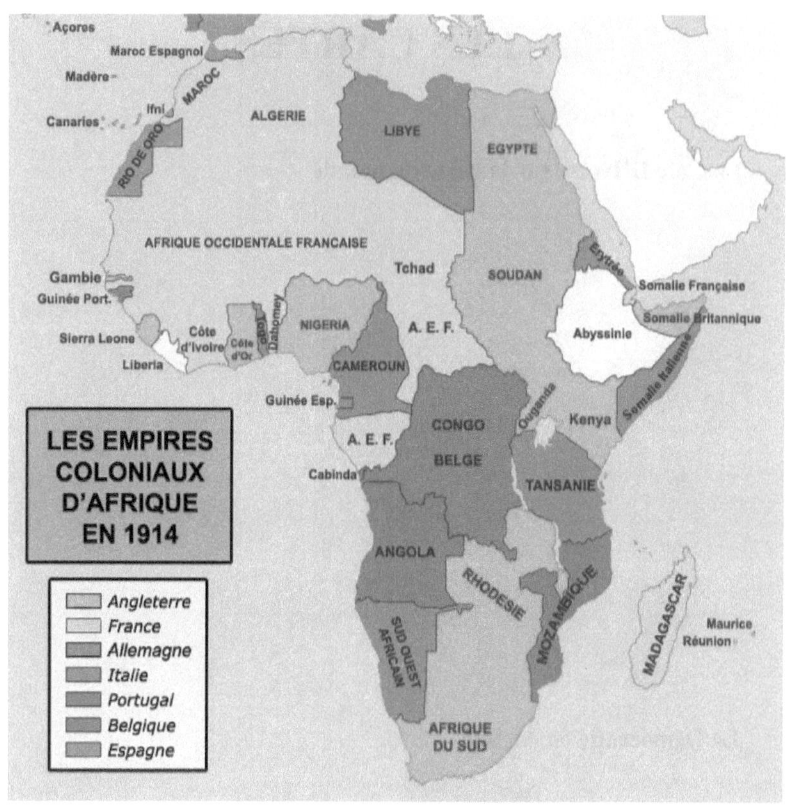

LES EMPIRES
COLONIAUX
D'AFRIQUE
EN 1914

Angleterre
France
Allemagne
Italie
Portugal
Belgique
Espagne

Açores
Maroc Espagnol
Madère
Ifni
Canaries
MAROC
RIO DE ORO
ALGERIE
LIBYE
EGYPTE
AFRIQUE OCCIDENTALE FRANÇAISE
Tchad
SOUDAN
Erythrée
Somalie Française
Gambie
Guinée Port.
Somalie Britannique
Sierra Leone
Côte d'Ivoire
Côte d'Or
Dahomey
NIGERIA
A. E. F.
Abyssinie
Liberia
CAMEROUN
Guinée Esp.
Somalie Italienne
A. E. F.
CONGO
BELGE
Ouganda
Kenya
Cabinda
TANSANIE
ANGOLA
RHODESIE
MOZAMBIQUE
MADAGASCAR
Maurice
Réunion
SUD OUEST
AFRICAIN
AFRIQUE
DU SUD

La Cote D'Ivoire en Afrique

INTRODUCTION

De nombreux experts soutiennent que la Côte d'Ivoire est le seul pays d'Afrique où le plan néo-colonial Français pour contrôler l'Afrique a été utilisé de manière très efficace, que c'est très difficile de manquer la nature imperméable de FrancAfrique dans ce pays d'Afrique de l'Ouest. Les connotations apparemment négatives de ces points de vue laissent un étranger se demander s'il n'y a pas quelque chose de bénéfique pour le pays dans cet aspect du néocolonialisme Français. Après tout, Abidjan, la plus grande ville et ancienne capitale se distingue comme une métropole moderne dans un continent qui traîne derrière les autres, le pays est relativement aisé vis-à-vis de ses voisins, et pendant trente ans après l'indépendance, le Cote D'Ivoire n'a connu aucune instabilité politique.

Les nationalistes Ivoiriens aux opinions anti-Françaises ou patriotiques sont convaincus que le pays n'a connu aucune instabilité politique depuis trois décennies grâce à son premier président Félix Houphouët-Boigny qui, avant et après l'indépendance en 1961, s'est fait lui-même et de son pays un partenaire asservi de la France.

Félix Houphouët-Boigny était un pragmatiste, soutiennent ses partisans. Il savait que la Côte d'Ivoire ne pouvait pas se passer de la France et a ainsi attiré son pays vers un partenariat avec la France pour le développement et la prospérité, contrairement à son homologue guinéen Sékou Touré qui a rompu tous les liens avec la France, et son pays a souffert à cause de cela.

Si tel était le cas, comment se fait-il que Laurent Gbagbo, le nationaliste-civique et panafricaniste Ivoirien qui n'a jamais caché son dégoût pour le néo-colonialisme Français, est arrivé au pouvoir après la disparition de la légende Ivoirienne? Et comment se fait-il qu'il ait fallu une intervention militaire Française pour chasser Laurent Gbagbo du pouvoir?

Ce récit succinct est destiné à éclairer le bourbier Ivoirien, une impasse qui reflète l'ambivalence de l'influence Française dans le pays, l'Afrique Francophone et le reste du continent.

Chapitre Un

De G. a D. : Laurent Gbagbo et Alassane Ouattara

L'histoire a montré que la paix la plus compliquée est souvent meilleure que la guerre la plus simple. Laurent Gbagbo et Alassane Ouattara sont tous deux des perdants de la guerre civile Ivoirienne et tous deux ont conduit le peuple Ivoirien vers une chemin perdant. Je suis désolé pour eux deux, car je pense qu'il ya un noyau de bonté dans leur âmes quand il s'agit de leurs désirs et de leur attachement général au bien-être de la Côte d'Ivoire.

Il y a des tonnes de leçons à tirer du bourbier Ivoirien vieux de dix ans qui a finalement conduit à l'humiliation d'un naïf Gbagbo et à l'ascension paralysée au pouvoir de Ouattara; l'une d'elles est que l'arène du jeu de pouvoir ou de la politique africaine est un terrain de bataille d'anciennes proportions classiques grecques, comme "L'Iliade", où les guerriers se livrent à leur bravade, inconscients des influences extérieures des grandes puissances (les dieux) dans leurs victoires, défaites, survivances ou évasions.

Nous voyons une profonde manifestation de cette incompréhension dans la génération des étudiants universitaires au Cameroun sous la bannière du groupe appelé "Parlement" qui s'est élevé dans les années 1990 contre le système anachronique imposé par la France dans le pays en 1960. Les étudiants Camerounais des dernières années, souffrent profondément de cette incompréhension, qui est l'une des raisons pour lesquelles le système anachronique imposé par la France existe toujours au Cameroun. C'est aussi pourquoi l'absenté Paul Biya, la marionnette Française qui passe depuis trente-six ans en tant que le président du Cameroun, réussit facilement à organiser les fausses élections que ses marionnettistes occidentaux valident en reconnaissant les faux résultats de ces élections.

Depuis la débâcle entre Gbagbo et Ouattara, c'est claire que la source de la rupture entre les deux vient du système imposé par la France dans le Cote D'Ivoire, et de leur degré d'acceptation ou d'allégeance à ce système qui préserve l'intérêt de la France dans le pays, même au-dessus de la Côte d'Ivoire. Ce système imposé par la France fait de Quattara un mercenaire bienveillant qui supervise la gestion de la Côte d'Ivoire et présente au monde l'image de Gbagbo comme quelqu'un qui était au départ sous contrôle mais qui a réussi à surmonter son complexe d'infériorité pour devenir un renégat récalcitrant.

Chapitre Deux

L'engagement préjudiciable de la France dans la politique locale africaine, en particulier après avoir poussé ces pays dans des conflits civils, s'est fait en toute impunité. Cela est généralement masqué par les efforts des Français pour sauver des vies dans des zones qu'ils contrôlaient par le passé et a assuré la paix et la prospérité pendant leur domination coloniale. En résumé, la France et les successeurs de Félix Houphouët-Boigny (Konan Bédié, Ouattara et Général Gei, etc.) ont vu la victoire électorale de Gbagbo en 2000 comme une erreur inacceptable de leur part qui nécessitait une correction. Les développements dans le pays après cela, directement ou indirectement, découlaient de cette conception.

Des pays comme le Cameroun ne seront jamais libres à moins que la France accepte l'erreur de sa façon dans un sens ou dans l'autre et ne s'oppose pas au développement socio-économique et politique positif de ses anciennes colonies et territoires. Ce qui est amusant, c'est que certains Africains, en particulier les marionnettes de la France, ne contribuent pas au processus de croissance, dans les procédures qui obligent la France à mettre un terme à ses relations irrégulières avec ses anciennes colonies et territoires en Afrique. Les gens sont souvent inconscients du fait que, même si la France est perçue internationalement, en particulier parmi la communauté des nations avancées en tant que nation respectueuse des lois, civilisatrice et progressiste, elle a poursuivi ses relations avec ces nations Francophones dans un style mafieux. comme une mafia déshumanisée, agissant de manière clandestine et agissant en toute impunité.

En un mot, le comportement de la France dans ces pays africains est similaire à celui d'une personne qui se soucie peu du bien-être des populations africaines. En fait, c'est difficile de se disputer contre certains experts qui pensent que c'est totalement raciste et que cet comportement se nourrit de l'état d'esprit des bigots qui détiennent la vision tordue de l'innocence de l'Africain ou de l'ignorance enfantine de l'Africain et qui se délectent de la perception illusoire des Africains en tant que peuple incapable de proposer quelque chose qui est bon.

C'est difficile de trouver quelqu'un avec un argument suffisamment fort pour dire que ce n'est pas une bonne idée de démanteler le système politique et économique que la France a implanté dans ses anciennes colonies en Afrique dans les années 1960 avant de leur accorder l'indépendance. Ces systèmes imposés par la France ont nourri les institutions politiques dans ces nouveaux pays africains qui se préoccupent des intérêts de la France plutôt que des intérêts de ces nouveaux États-nations. Un tel processus de démantèlement des systèmes anachroniques dans les différents pays d'Afrique, qui constituent en totalité la FrancAfrique, est un processus qui ne peut être accompli que par de véritables nationalistes-civique avec la volonté révolutionnaire, la vision panafricaniste et un amour profond pour le peuple. C'est pourquoi les défenseurs de l'Afrique Nouvelle devraient être réprimandés quand ils se montrent aveugles contre ces Africains qui, dans leur façon d'amateur et de myopie, ont affronté toute la machinerie des puissances conspiratrices (ou pouvoirs divins en s'appuyant sur la mythologie Grecque ancienne).

Je ne commenterai pas profondément ce problème Ivoirien. Nous allons y faire face à nouveau au Cameroun; et le reste de l'Afrique centrale sera saisi par des déceptions similaires au cours des prochaines années. Mais une chose est sûre, ce schéma Français est en vigueur depuis près d'un siècle en Afrique, ce qui explique pourquoi les responsables politiques Français du contrôle politique et économique de l'Afrique, surtout le système de contrôle de l'Afrique Francophone (FrancAfrique) voir FrancAfrique comme un modèle réussi et une stratégie gagnante qui ne nécessite pas de changement.

Chapitre Trois

Le travail des défenseurs post-indépendance du changement est d'étudier les méthodes que les pouvoirs externes utilisent pour garder les Africains dans l'impuissance et le chaos perpétuel au point où les organisateurs du chaos finissent par ressembler à des sauveurs pour la plupart du monde. Les peuples de l'Afrique et surtout de l'Afrique Francophone doivent comprendre leur histoire, ils doivent maîtriser les leviers du pouvoir et ils doivent comprendre que leur salut ne repose que dans une Union Africaine authentique, où les différents pays sont collés ensemble et où ils acceptent les uns les autres en tant que des contributeurs indispensables à un avenir, pays et continent prospère et libre.

Je le dis ça avec tristesse, car il ya deux jours, j'ai parlé avec un Congolais (un ex-Zaïrois) qui a blâmé Patrice Lumumba (le premier et le seul véritable élu leader démocratique du Congo) pour l'état déplorable d'aujourd'hui de la République Démocratique du Congo, l'accusant de prendre le Congo à l'indépendance quand le colonie ne étaient pas prêts, d'apporter Mobutu au pouvoir et de ne pas partager sa vision avec les autres politiciens Congolais. C'est comme blâmer Jésus-Christ pour sa trahison par Judas. Et le Congo, le cœur malade de l'Afrique va se trouver pris au piège pour l'éternité dans l'incompréhension si le pays ne comprend pas et n'accepte pas l'histoire paralysante du Congo infligées à la nation du nourrisson par les pouvoirs qui ont comploté le renversement et la mort de Lumumba.

De même, dans un discours à trois voies avec un professeur néerlandais à Amsterdam en 2003, un compatriote a fait valoir avec force qu'il n'y a jamais eu de guerre au Cameroun, qu'aucun massacres ont été réalisées par l'armée Françaises et les forces militaires de la marionnette de la France Ahmadou Ahidjo, que son successeur Paul Biya est un grand leader, que le Cameroun faisait bien, et que c'est pourquoi le pays est mieux que la plupart des pays africains. Un paradis pour d'un fou, je l'ai appelé. Ou était-il saisi par le syndrome Potemkine à l'époque? Ce n'est que après le jeune homme a lu le roman *"Triple Agent, Double Cross",* t-il obtenu sa curiosité suscité ne est qu'après qu'il avait suscité sa curiosité. Puis après avoir fait quelques recherches sur le sujet, il a déploré le degré de lavage de cerveau lui et la plupart des Camerounais avait été soumis à. Il souffrait encore des effets de lavage de cerveau effectué par le système au Cameroun, malgré le fait qu'il étudiait et il vivait dans le pays le plus libéral en Europe.

Les Africains doivent s'émanciper de l'esclavage mental qui a   attrape les plus part de l'Afrique dans l'incompréhension,   de sorte que beaucoup d'Africains souffrent d'un manque de sens de l'orientation. Les plus chanceux, en particulier ceux de la diaspora, devraient être à la tête de l'effort d'émanciper le peuple et le continent.

13 Avril 2011   Janvier Tchouteu